Le présent ouvrage a été publié
avec le soutien de
l'Académie Nicaraguayenne de la Langue

ANL

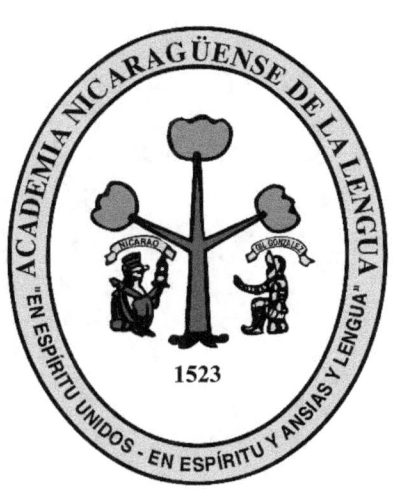

"En espiritu unido, en espiritu y ansias y lengua."

La Collection "*Travaux Panofskiens*" est dédiée à l'étude des oeuvres d'art de la période moderne (XIIème-XVIIIème siècles) et de la période contemporaine (XIXème-XXIème siècles), à partir de plusieurs concepts des études de l'École de Warburg, notamment représentés dans les travaux de son principal représentant Erwin Panofsky. Ces concepts sont les suivants:

La transmission des symboles culturels entre les époques, et la permanence de leur représentation;

L'étude des oeuvres d'art comme matériel pour comprendre leur époque et l'histoire des mentalités qui y est liée, c'est-à-dire, inversement, les idées, les pratiques et les moeurs, que révèlent les oeuvres d'art;

En ce sens, l'interaction entre les cosmos de cultures profane et religieuse, d'une part, et populaire, cultivée et savante, d'autre part.

Le principal apport de la présente Collection, ou son principal projet en tous cas, est d'aborder, non seulement les oeuvres de l'époque moderne, champ d'étude particulier de l'École de Warburg et de Panofsky, mais d'amplifier cedit champ à celui de la contemporanéité, en particulier des avant-gardes, afin, non seulement d'appliquer la méthode panofskienne à l'art contemporain, mais encore pour en expérimenter la pertinence dans le cadre visuel de la non figuration et de l'abstraction (soit-elle, celle-ci, thématique ou formelle).

Dr. N.-B. Barbe

Norbert-Bertrand Barbe
Membre Honoraire de
l'Académie Nicaraguayenne de la Langue

LE PARCOURS DE L'HUMANITÉ DANS L'ŒUVRE DE JÉRÔME BOSCH : DE L'ESCHATOLOGIE AU PÉCHÉ ORIGINEL : L'EXEMPLE DU CHARIOT DE FOIN

ISBN: 978-2-35424-203-9

Collection "*Travaux Panofskiens*"

© 2018, Bès Editions

Toute reproduction intégrale ou partielle du présent ouvrage, faite par quelque procédé que ce soit, sans le consentement de l'auteur ou de ses ayants cause, est illicite et constitue une contrefaçon sanctionnée par les articles L.335-2 et suivants du Code de la propriété intellectuelle.

Sommaire Général du Volume

A) De l'eschatologie   2
B) Du monde   4
C) Du pèlerin   8
D) Du chariot   11
E) Conclusion: Du *Chariot de foin* comme expression de la mentalité de son temps   20

PLANCHES

LE PARCOURS DE L'HUMANITE DANS L'OEUVRE DE JEROME BOSCH; DE L'ESCHATOLOGIE AU PECHE ORIGINEL: L'EXEMPLE DU *CHARIOT DE FOIN*

> "*Dans la roue de sa brouette l'univers tournait et il poussait l'univers devant lui.*"
>
> (Michel Ragon, *Enfances vendéennes*)[1]

---

[1] Michel Ragon, *Enfances vendéennes*, Point Virgule/Ouest France/Edilarge, 1990, p. 14.

A) De l'eschatologie

Le caractère eschatologique de l'oeuvre de Jérôme Bosch a curieusement peu retenu jusqu'ici, semble-t-il, les historiens de l'art[1].

Pourtant, les grands triptyques du Maître évoquent une symbolique morale d'ordre apocalyptique résurgente d'une oeuvre à l'autre. Le *Triptyque fragmentaire du Jugement dernier* de la Wildenstein Gallery de New

---

[1] En effet, même l'à présent classique travail de Wilhelm Fraenger, *Le royaume millénaire de Jérôme Bosch*, Paris, Ivrea, 1993, ne s'intéresse au caractère apocalyptique de l'oeuvre du maître que comme révélateur de son orientation alchimique, et parce qu'il permettrait, toujours selon Fraenger, de prouver que l'oeuvre aurait été réalisée en collaboration. On citera cependant, de l'abondante bibliographie iconographique sur Bosch (qui par ailleurs, du fait de la célébrité de l'oeuvre, est notablement plus abondante en ce qui concerne *Le triptyque du Jardin des délices*), bien que le symbolisme apocalyptique n'y apparaisse pas non plus central, les articles suivants (le choix, bien sûr, est arbitraire): Madeleine Bergman, "*The garden of love - A neoplatonic interpretation of Bosch's "Garden of Earthly Delights" triptych*", Gazette des Beaux Arts, mai-juin 1990, pp. 191-212; Charles D. Cuttler, "*Two aspects of Bosch's hell imagery*", Scriptorium, n° 2, 1969, pp. 313-319; et Robert L. Mc Grath, "*Satan and Bosch - The "Visio Tundali" and the Monastic Vices*", Gazette des Beaux Arts, janvier 1968, pp. 45-50.

York[2], ainsi que les *Triptyques du Jugement denier* de Vienne et de Bruges[3], et le *Triptyque du Jardin des délices*[4] nous renvoient une structure identique, qui va de la représentation du Paradis terrestre (panneaux de gauche) à celle, précisément, du Jugement dernier (panneaux de droite). Ce qui, si l'on considère, encore une fois, qu'il s'agit de triptyques et qu'on en rapproche l'organisation à celle du polyptyque d'Isenheim, selon l'interprétation qu'en donne fort judicieusement Ruth Mellinkoff[5] (de l'entrée du Mal dans le monde et la Chute jusqu'à la Rédemption finale, par la venue du Christ et l'entrée du peuple élu dans la foi révélée de l'Eglise), peut très bien avoir pour objet une progression liturgique, correspondante aux divers moments de l'année religieuse.

---

[2]Max J. Friedländer et Mia Cinotti, *Tout l'oeuvre peint de Jérôme Bosch*, Paris, Flammarion, 1967, N° 13 du catalogue, p. 91.

[3]*Ibid.*, N° 50 et 51, pp. 108--110.

[4]*Ibid.*, N° 30, pp. 99-101.

[5]Ruth Mellinkoff, *The Devil at Isenheim - Reflections of Popular Belief in Grünewald's Alterpiece*, Berkeley et Los Angeles, University of California Press, 1988.

B) Du monde

De fait, le *Triptyque du Déluge* et *Les Visions de l'Au-delà*[6] montrent clairement la dialectique qui oppose l'âme qui se perd à celle qui se sauve, cette dernière s'identifiant symboliquement au Christ, tout comme le saint Antoine impassible, car uni à Dieu[7], face aux turbulences et fausses apparences du monde dans le *Triptyque de la Tentation*[8], ce que confirme la progression des souffrances d'Antoine, de la chute

---

[6] Friedländer et Cinotti, N° 25 et 26, pp. 97-98.

[7] Comme également le saint Antoine de la *Tentation* de Schongauer, selon l'interprétation que nous en avons donnée dans notre "*Introduction à l'étude des Tentations de saint Antoine*", Revue de la Bibliothèque Nationale de France, N° 4, hiver 1994, pp. 10-15. Antoine dans le *Triptyque* de Bosch est d'ailleurs explicitement mis en comparaison avec le Christ, dont les souffrances sont représentées sur les panneaux extérieurs de l'oeuvre. En outre, on peut dire que le célèbre *Portement de Croix* de Gand fonctionne sur le même modèle d'opposition entre, d'un côté, la bonté individuelle, impassible et pieuse, et, de l'autre, la violence, collective et méchante, du monde qui l'entoure, en mettant en balance, comme l'ont noté les exégètes, le Christ, martyr innocent, et ses bourreaux, dont les trognes révèlent leurs péchés.

[8] Friedländer et Cinotti, N° 43, pp. 105-107.

(panneau de gauche) à la méditation tranquille (panneau de droite).

On notera dans les panneaux centraux des *Triptyques du Jugement dernier*, ainsi que dans la version du *Jugement dernier* d'Allaert et Hameel, et dans celle, peinte, conservée aux Etats-Unis, dans une collection particulière[9], la présence du Christ en gloire, de type byzantin, Christ qu'on retrouve dans le panneau central du *Triptyque du Chariot de foin*.

De même, le pèlerin du panneau extérieur du *Triptyque du Chariot de foin* se rapproche, non seulement, comme on l'a souvent noté, de *L'Enfant prodigue* du museum Boymans-van Beuningen de Rotterdam[10], les deux oeuvres développant par ailleurs une parabole à connotation morale autour du thème de la dilapidation), mais aussi du *Saint Jacques de Compostelle* du *Triptyque du Jugement dernier* de Vienne[11], et du *Saint Christophe*, également conservé au museum

---

[9] *Ibid.*, N° 51 à 54, pp. 109-110.

[10] *Ibid.*, N° 61, pp. 111-112.

[11] *Ibid.*, p. 108.

Boysman-van Beuningen de Rotterdam[12].

L'usage du *tondo*, ou du cercle, aussi bien dans *Les sept Péchés capitaux* que dans le *Triptyque du Déluge*, le panneau externe du *Triptyque du Jardin des délices*, *L'Enfant prodigue*, *Les Visions de l'Au-delà*, *Le Portement de Croix* ou *Saint Jean à Patmos*[13] nous éclaire sur le fait que la critique picturale de Bosch à ses contemporains, caractéristique de la mentalité de la fin du Moyen Age (qui donnera naissance aux *Vanités* baroques), s'opère contre l'attraction des biens mondains[14].

En effet, dans *Les sept Péchés capitaux*, le cercle

---

[12] *Ibid.*, N° 36, pp. 102-103.

[13] *Ibid.*, pp. 87, 94, 97-98, 100 et 102.

[14] Nous ne pouvons mieux dire ici que ce que nous postulions déjà dans notre article antérieur, N.-B. Barbe, "*La Chute d'Icare de Bruegel l'Ancien: une allégorie du Péché originel?*", Bulletin de l'Association des Danses Macabres d'Europe, IIème partie: N° 17, février-mars 2000, note 130: "Problématique dont le sens apparaît évident dans le contexte de l'émergence de la société bourgeoise, notamment dans les Pays-Bas de la fin du Moyen Age et de l'ère moderne, cf. en particulier sur les conséquences psychologiques et sociales de ce phénomène au XVIIème siècle Simon Schama, *L'embarras de richesses - La culture hollandaise au Siècle d'Or*, Paris, Gallimard, 1991".

s'identifie à l'oeil de Dieu, de la même façon que dans les différentes versions du *Jugement dernier*, il est la mandorle du Christ, et dans *Les Visions de l'au-delà*, l'ouverture vers le ciel, selon une iconographie très proche de celle des mandorles de Dieu le père et du Christ dans les panneaux extérieurs du retable d'Isenheim, celle de Dieu le père envoyant à la Vierge une cohorte de messagers et habiles musiciens célestes[15]. Plus claire encore est la boule-monde du panneau externe du *Triptyque du Jardin des délices* qui, d'origine orientale[16], représente explicitement le *"globus horribilis"*[17], dans lequel se joue l'ultime bataille entre le Bien et le Mal. De fait, dans *Jésus enfant*, panneau du *Portement de croix*, le poupon, représenté dans un cercle qui imite encore une fois un *tondo*, s'amuse notamment avec un petit moulinet, jeu pour enfants typique de

---

[15] Mellinkoff, pp. 10-11 et 15ss.

[16] Cf. Jurgis Baltrusaitis, *Le Moyen Age fantastique - Antiquités et exotismes dans l'art gothique*, Paris, Flammarion, 1981, pp. 195-206.

[17] François Decret, *"Le "globus horribilis" dans l'eschatologie manichéenne d'après les traités de saint Augustin"*, *Mélanges d'histoire des religions offerts à Henri-Charles Puech*, Paris, PUF, 1974, pp. 487-492.

l'époque selon les études menées par le Professeur Jean-Pierre Suau.

Fritz Saxl confirme pour l'époque médiévale le symbolisme, d'origine antique, du cercle comme image de "*l'homme* (qui) *devrait être aussi haut que large parce que le firmament prenait la forme d'un globe*", et, par conséquent, comme symbole de "*la vie humaine* (divisé, comme d'ailleurs, rappelons-le, dans Les Sept péchés capitaux de Bosch) *en un système de secteurs déterminés par émanations du cosmos*"[18].

C) Du pèlerin

De même, c'est le destin humain (précisément, le "*monde flottant*", plan et royaume du quotidien, qu'ont si bien mis en scène les artistes asiatiques), dépendant à la fois de la divinité (prédestination) et de l'individu lui-même (libre arbitre), que représente encore le pèlerin, qu'il s'identifie à saint Christophe, porteur de l'enfant Jésus, à saint Jacques, le pèlerin par excellence pour la fin du Moyen Age, ou au fils prodigue biblique. Le pèlerin, à l'instar des autres hommes, embarqués sur la

---

[18] Fritz Saxl, *La vida de las imágenes*, Madrid, Alianza, 1989, pp. 64-66.

Narrenschiff de Brant, également illustrée par la fameuse toile de Bosch, est pris sur le chemin de la vie, chemin souvent fait de déviations et de fourvoiements[19].

Cette dialectique du pèlerin égaré est parfaitement mise en scène dans les chapitres 5, 21 et 24 de la *Narrenschiff*. La gravure du chapitre 24 montre un personnage sur qui pèse littéralement tout le poids du monde, dont le globe (similaire en tous points à celui du *Jardin des délices* de Bosch) lui fait courber l'échine. Cette iconographie ne peut que nous rappeler celle de saint Christophe, portant le Christ-Univers, elle-même inspirée du modèle antique de Héraklès chargeant sur ses épaules le jeune enfant Eros, en tant que dieu cosmogonique[20]. Saint Christophe ressurgit d'ailleurs dans les dessins dont Holbein a illustré *L'Eloge de la Folie* d'Erasme[21].

---

[19] Symbolisme du pèlerin dans "*le labyrinthe de la vie*" qu'on retrouve jusque dans l'alchimie de l'époque, cf. Alexander Roob, *Le Musée hermétique - Alchimie & Mystique*, Cologne, Taschen, 1997, pp. 692-702.

[20] Pierre Saintyves, *Saint Christophe successeur d'Anubis, d'Hermès et d'Héraklès*, Paris, Emile Nourry, 1936, pp. 3 et 19.

[21] *Ibid.*, p. 24.

C'est bien dans le monde germanique que s'origine véritablement le symbolisme de saint Christophe, guide du pèlerin fourvoyé à l'époque luthérienne, pendant qu'en Espagne, sa figure s'identifie à celle du Juif Errant[22]. La confusion entre saint Christophe, le pèlerin parcourant le difficile chemin de la vie, et le chrétien naviguant sur la nef du monde, caractères interchangeables, on l'a vu, dans l'oeuvre de Bosch, trouve, contemporainement, un notable éclaircissement chez Luther. Ainsi, Pierre Saintyves (1936) nous rappelle que:

"Luther n'hésite pas à dénier toute existence réelle à Christophe. Dans ses "Propos de table", il en fait l'image du voyage du chrétien à travers la vie: "Il traverse une mer orageuse, agitée, c'est-à-dire le monde, et les vagues qui l'assaillent, ce sont les tyrans et les factions, ainsi que tous les diables, qui cherchent à lui donner la mort de l'âme et du corps; mais il s'appuie sur un grand arbre qui lui sert de soutien, c'est-à-dire sur la parole de Dieu. De l'autre côté de la mer est un petit vieillard avec une

---

[22] *Ibid.*, pp.4ss. et 23.

lanterne qui renferme une lumière allumée; ce sont les écrits des prophètes; il se dirige de ce côté et arrive sur la plage où il se trouve en sûreté. Il a à son côté un panier où se trouve du pain et du poisson; ceci signifie que Dieu n'abandonne point ses fidèles sur la terre, au milieu de tous les maux et de toutes les tribulations qu'ils ont à endurer, mais qu'il les nourrit et ne les laisse point mourir de faim. C'est un poème chrétien"./ A la suite de Luther, les protestants n'ont vu dans ce saint personnage qu'une figure allégorique."[23]

Le texte parle de lui-même. On y retrouve l'ambiguïté habituelle entre vie maritime et terrienne, les deux aspects traditionnels du travail de l'homme[24].

D) Du chariot

Voici ainsi expliqués le panneaux extérieur, et les deux panneaux latéraux du *Triptyque du Chariot de foin*. Bosch nous représente ici, symboliquement, et selon le

---

[23] *Ibid.*, p. 4.

[24] Cf. Jacqueline Champeaux, *Le culte de la Fortune à Rome et dans le monde romain*, Paris, De Boccard, 1982, 2 vol., t. I, p. 151.

goût du siècle, le parcours du chrétien devant s'affronter aux tentations terrestres, errant même dans ce monde trompeur.

L'image du chariot de foin lui-même a reçue une célèbre interprétation, la plus juste sans doute, celle de Tolnay (1937), qui y voit l'illustration du proverbe flamand: "*Le monde est une montagne de foin, chacun en prend ce qu'il peut en saisir*"[25].

Tolnay note bien la relation implicite entre cette scène centrale et les modèles bibliques, la Chute et l'Enfer, qui l'entourent, ainsi que la typologie entre la scène du chariot de foin et celle du *Chemin de la vie*. Or l'étude attentive de l'iconographie nous permet d'approfondir cette interprétation.

Tout d'abord, autour du chariot, se pressent non seulement les petites gens, mais aussi "*les prêtres et les religieuses* (qui) *ne le cèdent à personne, confirmant la polémique d'avant la réforme contre la corruption du clergé*"[26]. On voit également "*à gauche les puissants de la*

---

[25] Charles de Tolnay, *Jérôme Bosch*, Paris, Robert Laffont, 1967, p. 25.
[26] Friedländer et Cinotti, p. 95.

terre - roi, empereur et pape - (qui) *mènent le cortège*"[27].

Nous nous trouvons donc en face d'un modèle iconographique proche des *Danses macabres*, révélateur d'une psychomachie sous-jacente, notable non seulement, comme l'évoque Tolnay[28], par la mise en miroir du Péché originel et du Jugement dernier dans les triptyques du *Jugement dernier* et du *Chariot de foin* (et, ajouterions-nous, comme nous l'avons déjà fait, du *Jardin des délices*), mais aussi, ainsi que l'écrivent Max J. Friedländer et Mia Cinotti (1966), par l'opposition, dans *Le Chariot de foin*, entre les démons qui tentent les pécheurs des deux sexes et l'ange à genoux qui prie le Christ en gloire[29].

Friedländer et Cinotti précisent encore la signification du chariot à l'époque:

"*Ce proverbe* (cité par Tolnay) *n'est pas référencé avant 1823 (Grauls, 1938), mais il peut être d'usage plus ancien: il reflète, d'ailleurs, le concept du foin pris comme bien terrestre fugitif qui remonte à Isaïe (XL, 6)*

---

[27] *Ibid.*

[28] Tolnay, p. 25.

[29] Friedländer et Cinotti, pp. 95-96.

et aux Psaumes de David (CII, 15). Ils sont cités par Sigüença comme sources utilisées par Bosch: "toute chair est comme l'herbe et sa délicatesse est celle de la fleur des champs", et "L'homme! ses jours sont comme l'herbe, comme la fleur des champs il fleurit". Dans le catalogue de 1574 le chariot "indique la vanité"; dans la description de Moralès (1586) la vie humaine "fut comme le foin qui sécha et périt sans donner fruit de vertu". L'image du chariot a été très diffusée dans les Flandres à l'époque; nous la trouvons dans les processions (Baldass, Puyvelde, Tolnay) comme celle d'Anvers en 1563 dont le programme (De Keyser, 1939-1940) décrit "un chariot de foin sur lequel est assis un satyre, et suivi de toute sorte de gens qui arrachent le foin, des usuriers, des caissiers, des marchands, car le gain terrestre est semblable au foin"; en ce cas, le chariot est symbole de la cupidité (Bax [1949] y voit justement une satire de l'avarice). Le tas de foin (les biens terrestres) apparaît en poésie au XVème siècle (Grauls); le chariot de foin (fugacité des biens et cupidité) dans une chanson populaire du XVIème siècle (De Keyser) et dans une gravure de Bartholomaüs de Momper de 1559 (Leeber et

Grauls). L'universalité de la signification est confirmée par la copie du panneau de Bosch, reproduit dans une tapisserie du XVIème siècle du Palais Royal de Madrid: le chariot y est renfermé dans une sphère de cristal, symbole du monde (Baldass, 1959). Repoussent cette interprétation Pigler (1950), qui pense à une interprétation du prophète Amos, et Dorfles (1953), qui recourt à l'occultisme des tarots (septième arcane, un char tiré par deux sphinx)."[30]

La sphère de cristal de la tapisserie madrilène est, effectivement, de toute évidence, un symbole du monde. Comme le laissent entendre Friedländer et Cinotti, il est logique que le foin, partie sèche et non consommable des récoltes, devînt l'image des biens terrestres, et le chariot, celui de la thésaurisation. D'une certaine façon déjà, on s'en souvient, les corbeilles qu'en songe le panetier du Pharaon porte sur sa tête (*Genèse*, 40, 1) évoquent l'avidité passive du personnage, opposé au grand échanson, dont l'activité au service de son maître se révèle jusque dans le rêve dont le premier il fait part à

---

[30] *Ibid.*, p. 96.

Joseph.

Mais l'illustration de la cupidité des hommes, si elle ne renvoyait pas à un message plus général, n'aurait peut-être pas sa place dans une oeuvre comme *Le chariot de foin*, dont on a vu l'étroite similitude avec des oeuvres au fort contenu moral et adventiste.

Le *Triptyque du Chariot de foin*, traditionnellement daté de 1500-1502, fut donc réalisé un peu moins d'une dizaine d'années après la parution de la *Narrenschiff*, en 1494.

Nous ne pouvons ici que reprendre l'exposé de notre étude, menée à partir des livres d'emblèmes, sur l'iconographie de *La chute d'Icare* de Bruegel l'Ancien comme allégorie du Péché originel[31].

Nous nous attacherons plus particulièrement aux chapitres 8 "*De ne pas suivre les bons conseils*"[32], 47 "*Du chemin de la félicité*"[33] et 84 "*De persévérer dans le*

---

[31] Barbe, Ière partie: No 16, octobre 1999, pp. 4-11.

[32] Sébastien Brant, *La Nef des Fous*, Bar le Duc, La Nuée Bleue, 1988, pp. 33 à 35.

[33] *Ibid.*, pp. 171 à 173.

bien"[34] de la *Narrenshciff.* Les trois utilisent le symbole de la charrue, qui, rappelons-le, apparaît aussi au premier plan de *La Chute d'Icare* de Bruegel. La gravure des chapitres 8 et 84 est la même. Elle montre deux fous autour d'une charrue, dont un tient un oiseau au poing, identifié dans le chapitre 8 à un coucou et dans le chapitre 84 à un serin. Dans les deux cas, il symbolise la bêtise de l'homme.

Le chapitre 8 fait de la charrue le symbole de l'homme qui, se croyant plus sage que Dieu et que quiconque en général, court à sa perte. Par contre, les chapitres 47 et 84 en font tous deux pareillement le symbole de l'attachement des hommes (mêmes ceux qui font tout pour être honnêtes et respecter la loi divine, et auxquels s'intéresse tout particulièrement le chapitre 84) aux biens terrestres.

Donc dans un cas, l'image de la charrue sert à développer le thème de l'infidélité, tel que Brant le fait dans les chapitres 28, 36, 45 et 75. Dans le second, c'est la convoitise qui est mise en cause. Or dans la définition

---

[34] *Ibid.*, pp. 327 à 329.

de Cassien, dont se souviendra toute la mystique chrétienne (comme les oeuvres de Bosch, notamment *Les Sept Péchés Capitaux*, le montrent parfaitement), elle donne naissance à tous les péchés, la Gourmandise d'abord, de laquelle naissent la convoitise du corps (la Luxure) et la convoitise de l'argent (l'Avarice). De l'Avarice naît l'Envie, et donc la Colère, d'où naît le désintérêt, voire même le dégoût, pour l'ascèse et les travaux d'élévation de l'âme, autrement dit l'Acédie (ou Paresse). De ce désintérêt reprennent à nouveau corps, en un cycle sans fin, la Gourmandise et la Luxure, desquelles naissent à nouveau les autres péchés. C'est pourquoi Cassien, comme Basile de Césarée, saint Jean Chrysostome, saint François d'Assise ou Brant, prônant l'attention constante à ne pas se laisser tenter par la convoitise ou la Paresse, et donc l'ascèse la plus stricte et la plus permanente[35].

Le chapitre 47 identifie indifféremment les biens que les hommes désirent sans cesse à la charrue et à la

---

[35] Cf. notamment l'excellent article sur le sujet de Michel Foucault, "*Le combat de la chasteté*", *Communications 35 - Sexualités occidentales*, sous la dir. de Philippe Ariès et André Béjin, Paris, Seuil, 1982, pp. 26 à 40.

voiture. Le chapitre 91 "*Des bavards dans les stalles du choeur*"[36] reprend, alors qu'on ne s'y attendrait pas à cet endroit, l'association entre l'Avarice et la vantardise (déjà évoquée, sous une autre forme, dans les chapitres traitant de l'Orgueil de ceux qui refusent de suivre le droit chemin en pensant tout savoir). Cette fois, ce sont les voitures et le bateau (la nef, récurrente dans l'oeuvre) qui symbolisent à la fois l'Avarice (citée explicitement) et la vantardise de ceux qui possèdent (ou croient posséder) des biens. Il est donc significatif que le chapitre suivant traite de "*La fatuité de l'orgueil*"[37] et que la gravure qui l'accompagne représente une *Femme au miroir*, image traditionnelle à la fin du Moyen Age et à la Renaissance de l'orgueil et de l'amour de soi. Dans le même ordre d'idée, il est tout aussi significatif que les chapitres suivants (93 à 112, dernier chapitre de l'ouvrage) se focalisent sur la stigmatisation de l'Avarice, de l'Envie et de la Paresse, selon une dialectique parfaitement identique à celle, déjà décrite, de Cassien, ce qui, conclut Brant, aboutit au mensonge qui "*dénigre le bien*"

---

[36] Brant, pp. 354 à 356.
[37] *Ibid.*, chap. 92, pp. 357 à 363.

(chapitre 110), et par conséquent à la venue de "*L'Antéchrist*" (chapitre 103), c'est-à-dire donc à la perte de l'humanité éloignée de Dieu et irrémédiablement vouée au péché (par sa *culpa* originelle apparemment). En effet, l'auteur est lui-même un fou (chapitre 111 "*Plaidoyer de l'auteur*") et l'humanité s'entête inconsciemment à préférer s'amuser et continuer le Carnaval plutôt que de se repentir de tous ses péchés, même pendant le saint Carême (chapitre 110b "*Du Carnaval*").

E) Conclusion: Du *Chariot de foin* comme expression de la mentalité de son temps

On le voit, le thème du chariot renvoie, non seulement à l'image, évidente, de la cupidité des hommes face aux biens terrestres, mais aussi, plus généralement, à l'infidélité.

C'est dans le riche substrat théologique et moral de la fin du Moyen Age, profondément marqué par un mysticisme dû aux malheurs des temps (notamment les grandes pestes)[38], qu'il faut chercher la signification

---

[38] Cf. Jean Delumeau et Yves Lequin, *Les Malheurs des temps - Histoire des*

véritable du *Chariot de foin* de Bosch, à la fois image d'un adventisme ingénu et austère réflexion sur l'avidité des clercs et des bourgeois. Ainsi s'éclaire, mise en regard des oeuvres de Brant et Luther notamment, le symbolisme complexe du *Triptyque du Chariot de foin*, qu'une simple référence au folklore populaire ne saurait permettre de comprendre.

En effet, si bien le panneau central, du *Chariot de foin*, s'explique sans peine en référence aux proverbes flamands, il est moins aisé de l'intégrer aux autres panneaux du triptyque si l'on ne le considère pas comme l'indispensable élément d'union entre l'image du pèlerin sur la route de la vie du panneau externe, le Péché originel du panneau de gauche, et l'Enfer, mais nous préférons parler de Jugement dernier, du panneau de droite. Il est d'ailleurs fort intéressant que Friedländer et Cinotti notent la double présence de toutes les classes ainsi que des deux sexes dans le panneau central. Ce qui rapproche explicitement le *Chariot de foin* des *Danses*

---

fléaux et des calamités en France, Paris, Larousse, 1987; ainsi que l'indispensable ouvrage de Michel Vovelle, *La mort et l'Occident de 1300 à nos jours*, Paris, Gallimard, 1985.

macabres, bien sûr, mais aussi du panneau central du *Jardin des délices*, représentation de la multiple et désordonnée descendance moderne d'Eve la pécheresse. De plus, le Christ dans la mandorle, qui domine la vie turbulente des hommes dans *Le Triptyque du Chariot de foin*, nous invite à comparer l'iconographie de l'oeuvre avec celle des nombreux *Jugement*(s) *dernier*(s) peints par l'artiste, dans lesquels, conformément à l'iconographie traditionnelle, sa présence est l'expression même de l'évènement apocalyptique.

Y aurait-il meilleure illustration des problèmes théoriques abordés par Erwin Panofsky dans *La perspective comme forme symbolique?*

"... *l'interprétation - dont fait aussi partie, je le répète* (écrit le maître), *la simple description, a sa source dans le pouvoir de connaissance et dans l'avoir en connaissances du sujet interprétant, c'est-à-dire dans notre expérience existencielle de la vie, quand il s'agit de découvrir le seul sens-phénomène et dans notre savoir littéraire quand il est question du sens-signification. Or, il me plairait de penser que le correctif objectif que nous opposerons à ces sources de connaissances subjectives - "certifiant" par là même leur résultat - n'est rien d'autre que ce que nous pouvons appeler l'"histoire de la tradition" et que nous avons rencontré dans le cas du sens-phénomène sous l'aspect de l'"histoire de la forme", et dans le cas du sens-signification, sous l'aspect de l'"histoire des types"."*[39]

---

[39] Erwin Panofsky, *La perspective comme forme symbolique*, Paris, Les Editions de Minuit, 1997, p. 249.

PLANCHES

De haut en bas, et de gauche à droite, les Planches reproduisent:
Hieronymus Bosch, Fragments du *Jugement dernier* de la Wildenstein Gallery de New York: *Enfer*, *Paradis*;
Louis Maeterlinck (1646-1926), *Triptyque du Jugement Dernier*.
Bosch, *Jugements Derniers*, Vienne et Bruges; *Triptyque du Jardin des délices; Triptyque du Déluge; Les Visions de l'Au-delà; La Tentation de saint Antoine; Triptyque de la Tentation; Triptyque du Chariot de foin; Le Vagabond ou Le Fils prodigue ou Le Colporteur; Saint Christophe portant l'Enfant Jésus; Triptyque du Jugement Dernier*. De Vienne fermé; *Triptyque du Chariot de foin* fermé; *Triptyque du Jardin des délices* fermé; *Les sept Péchés capitaux;* ; Serpent s'enroulant autour du Monde, image du manuscrit perse de Damiri, Damamini, Qazwini, *The Book of Wonders of the Age*, University of St Andrews, GB 227 ms32(O), XVIIème-XVIIIème siècle; *Bhavacakra* ou *Roue de la Vie*, Monastère de Séra, Tibet; *Le Portement de Croix; Ecce Homo; Saint Jean à Patmos;*.
Illustrations des chapitres 5, 21 et 24 de Sebastian Brant (Paris, Geoffroy de Marnef, 1499), *La gra[n]t nef des folz du mo[n]de, "Premiereme[n]t co[m]posee en aleman par maistre Sebastien Brant ... Consecutiuement daleman en latin redigee par maistre Jacques Locher. Reueue [et] ornee de plusieurs belles concordances et additions par ledit Brant. Et de nouuel translatee de latin en fra[n]coys ...* « , 1499, traduction et images reprises de *Stultifera nauis*, Bâle, 1497, édition elle-même traduite de: *Das narrenschiff*, Bâle, 1494.
Idem, chapitres 8, 47, 84.
Bruegel l'Ancien, *La chute d'Icare*.
Guyot Marchant, *Danse Macabre*,1485.

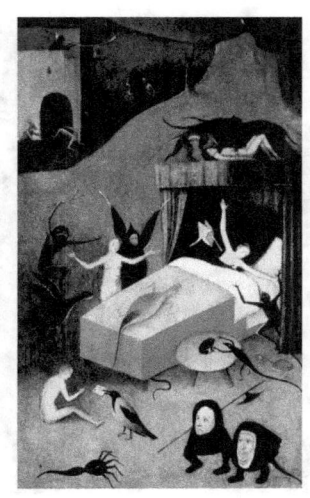
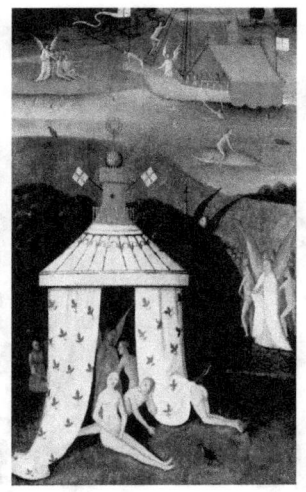
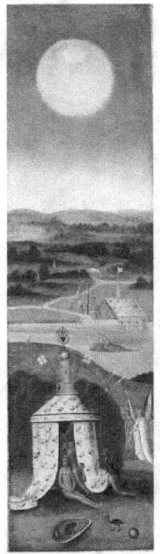
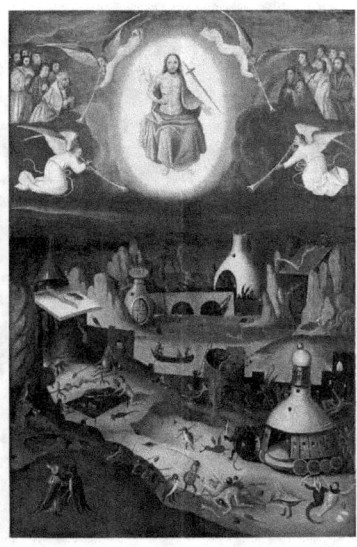
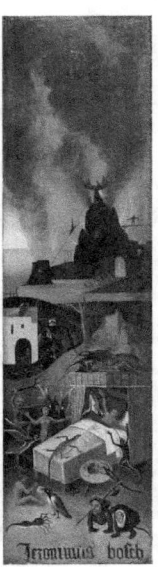

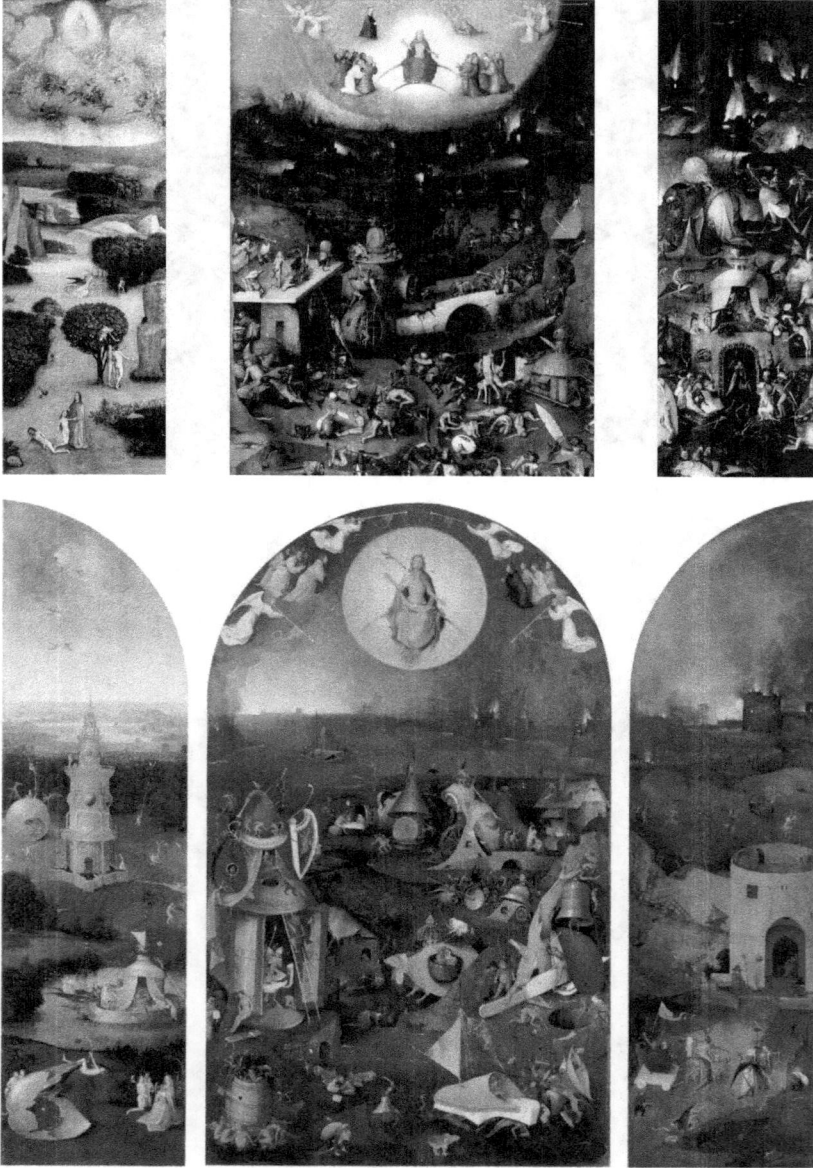

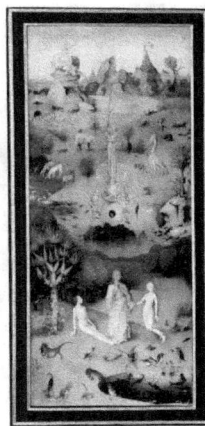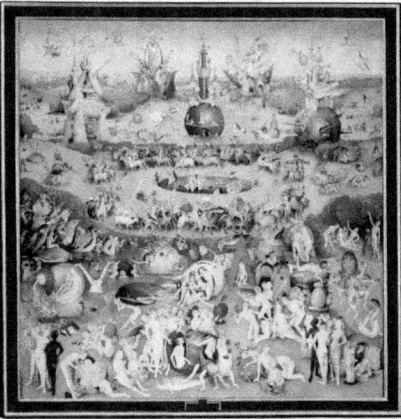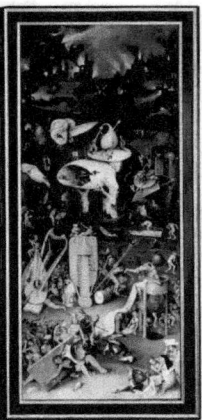

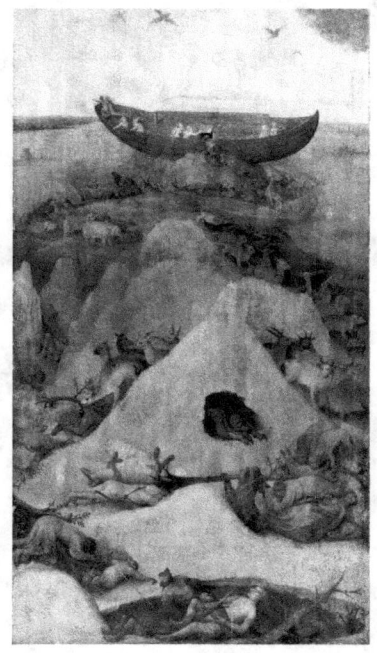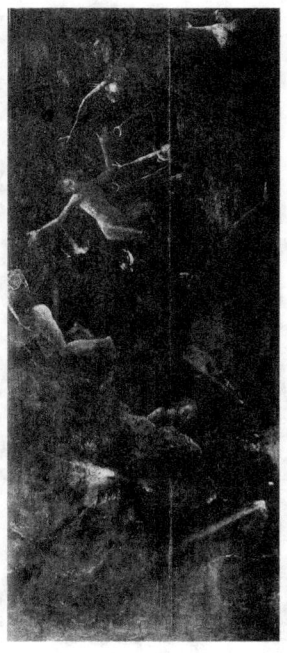

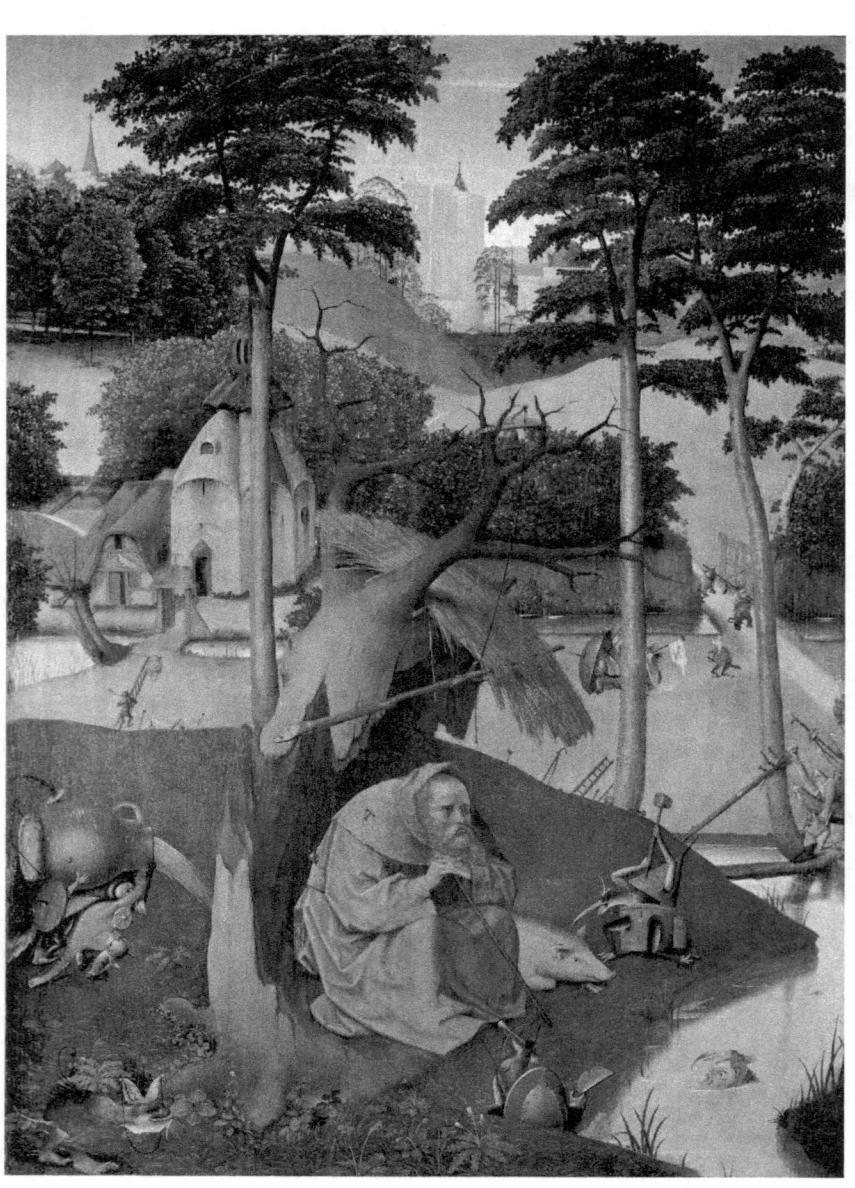

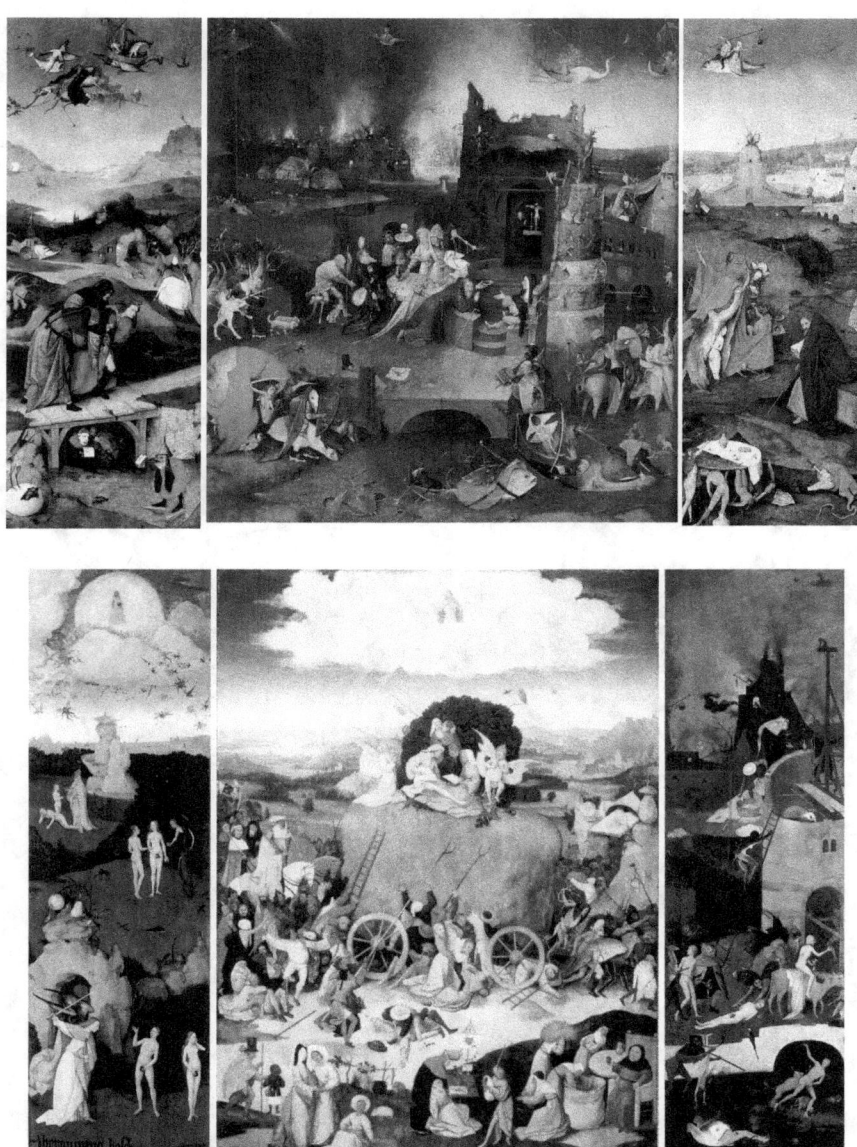

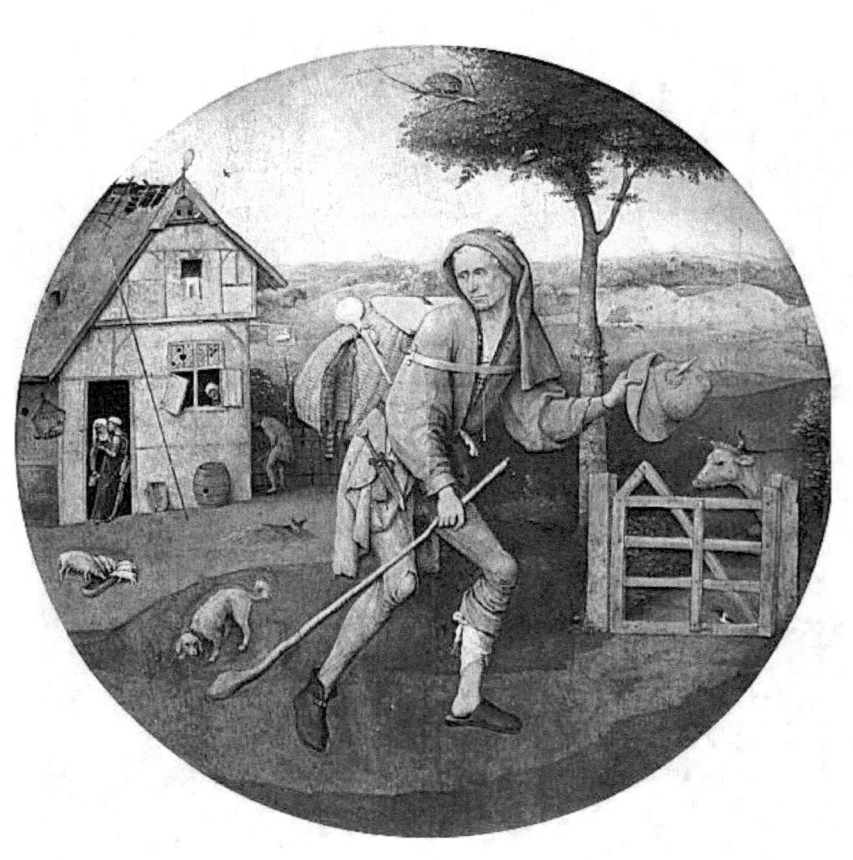

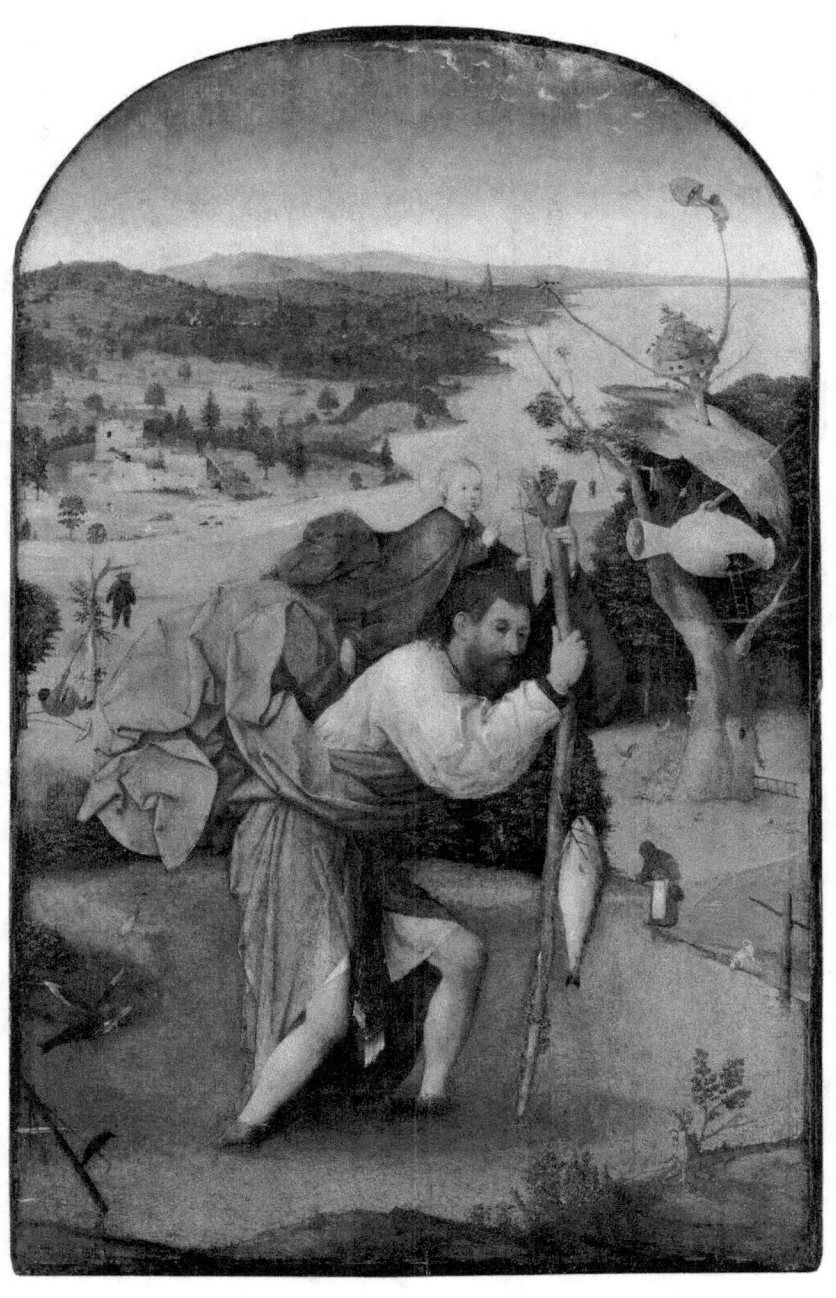

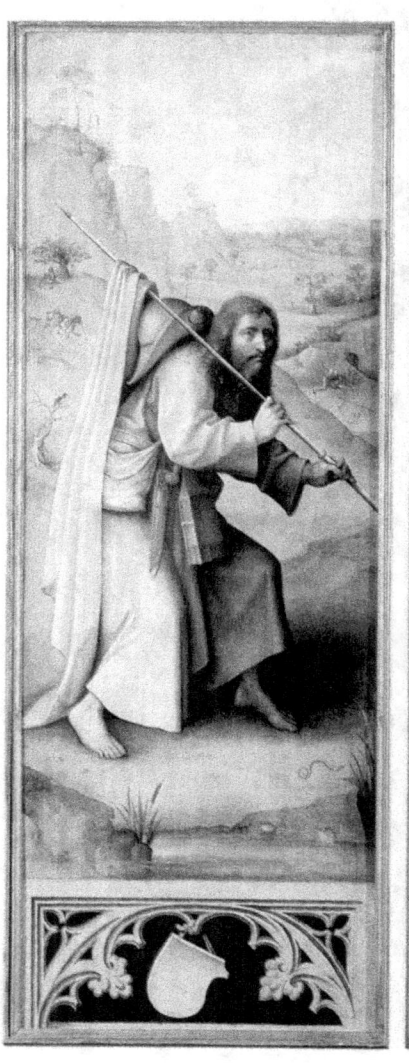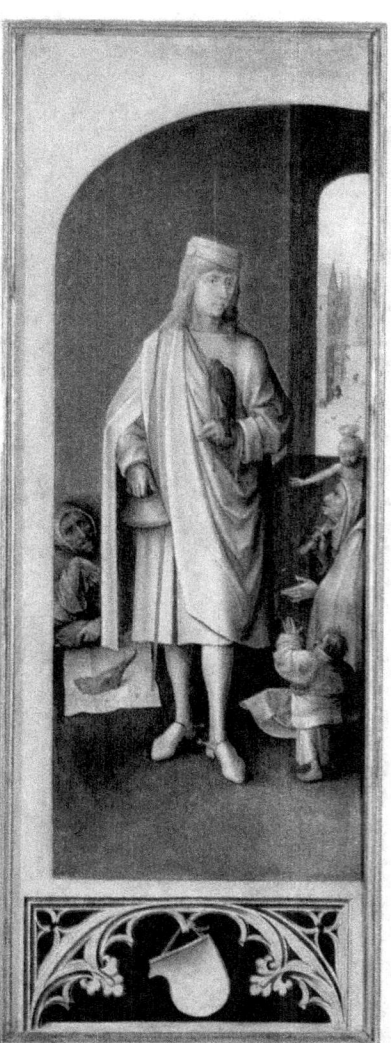

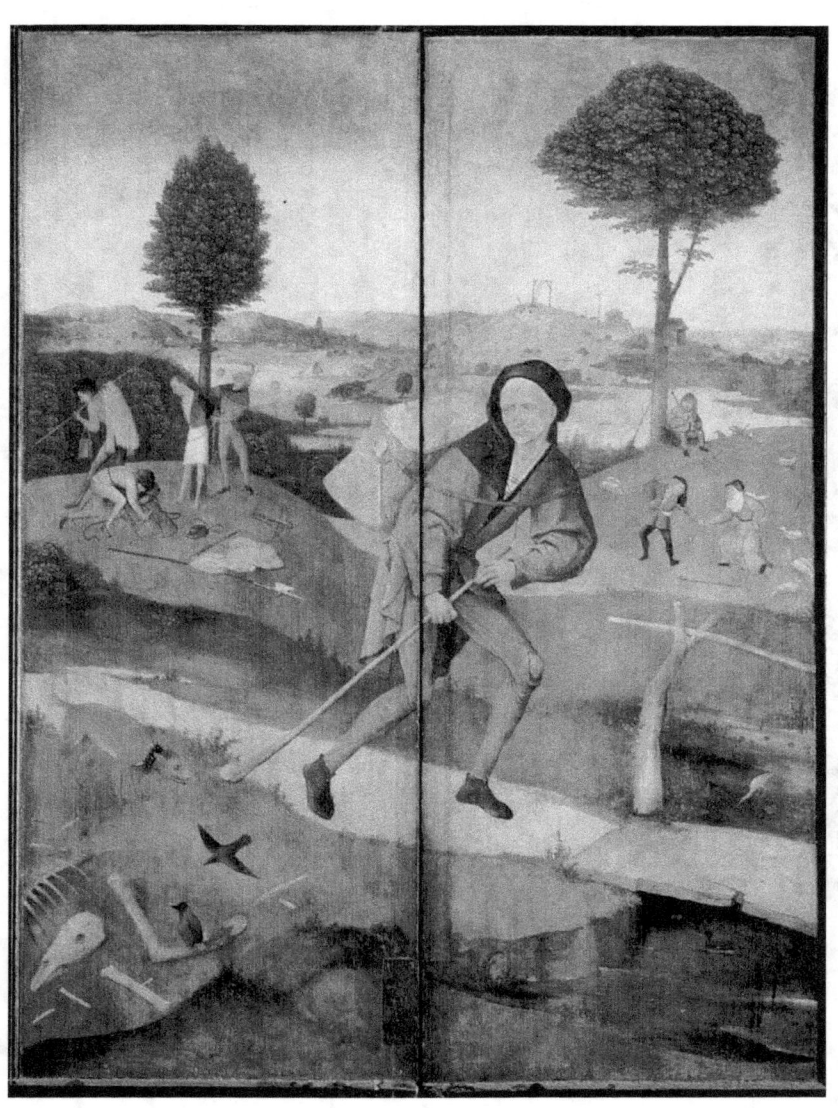

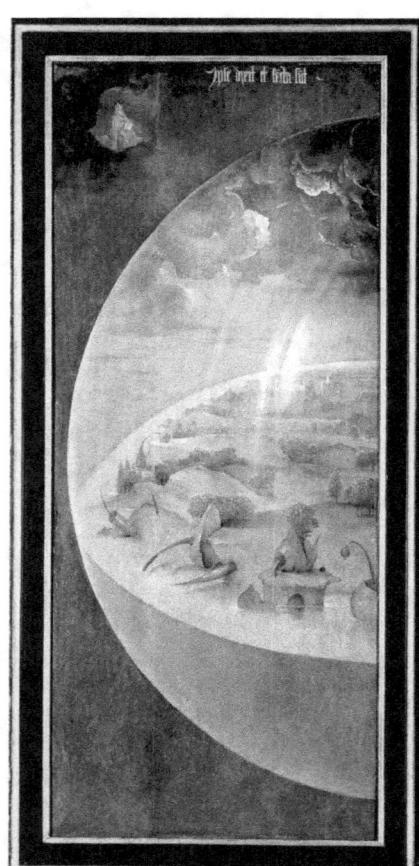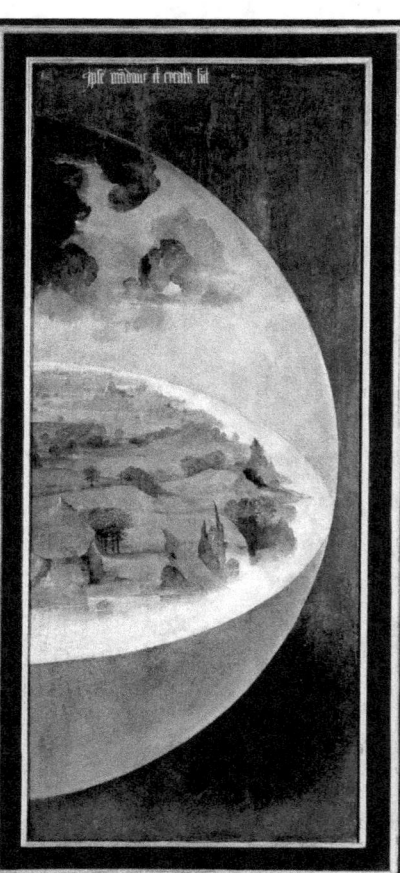

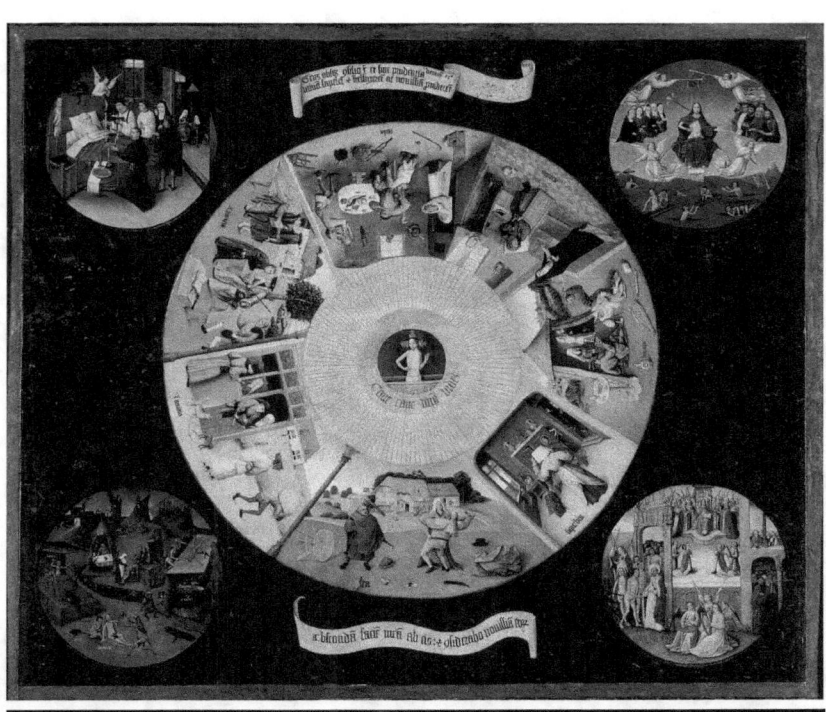

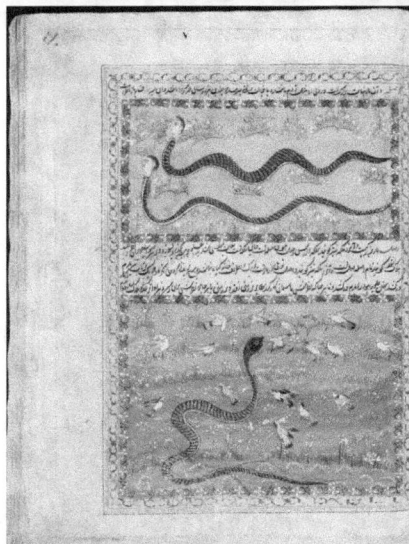
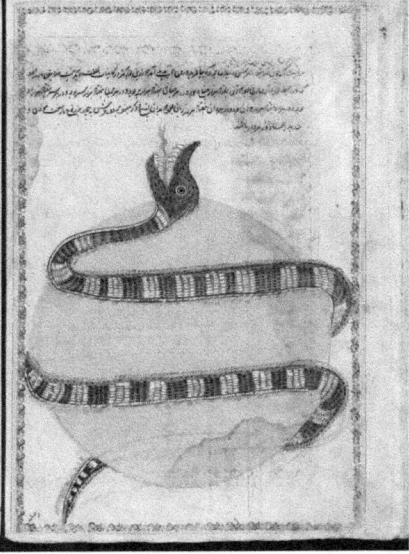

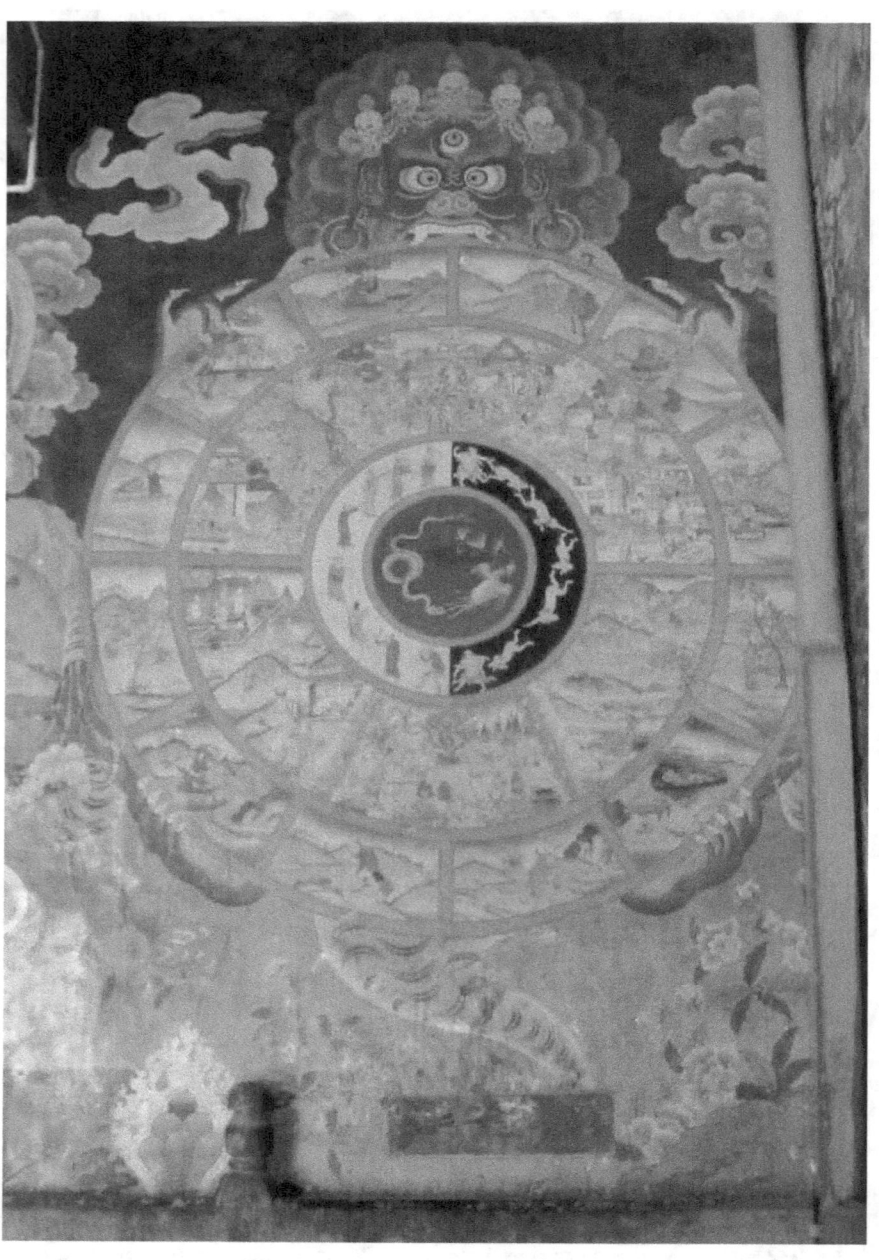

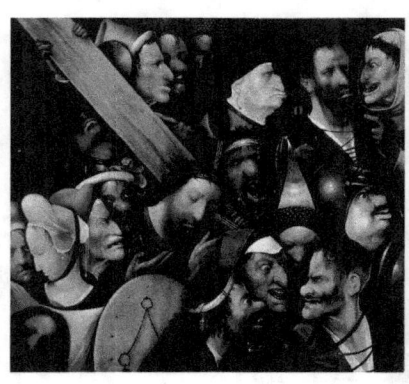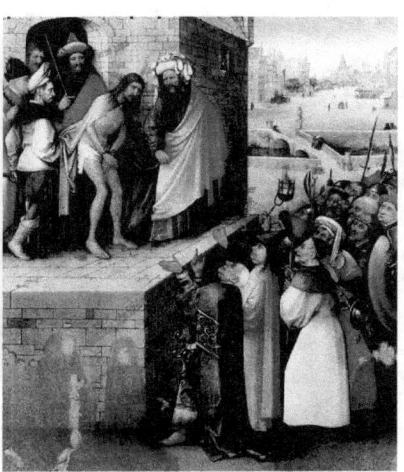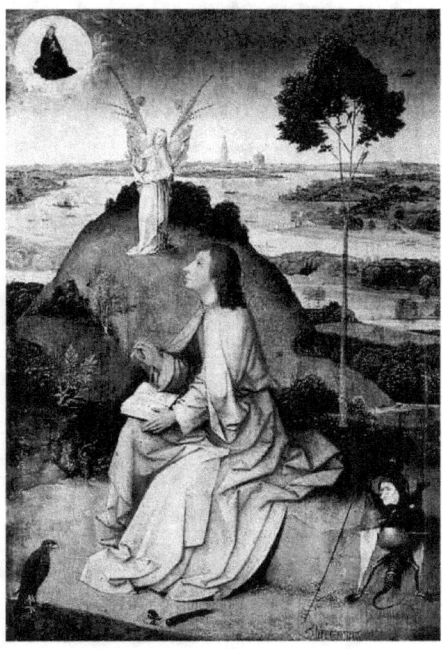

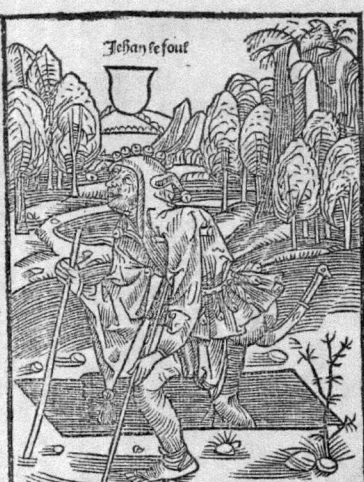

Jehan se soul

ans de sa folle vie. Et ainsi sera versee laage du fol filz p le fol pere en mauuaises meurs et iamais ne delaissera ses mauuaisees et tertes voyes de follie. Par quoy il regira ses carbases de la nef des folz painte et deceuable. O souueraine honte ancienneté pourquoy desirs estre sans fruit et les presens veup e desirs de follie durer longuement e demourer en tenebres. Car le fol inueteré e enduri en sa follie ne scait bien viure ne oster les or des meurs de son couraige Parquoy necessaire est a lhôme sil a esté fol en sa ieunesse de bonne heure il laisse sa follie. Car sil y demeure vieil iamais ou a grât paine la pourra delaisser.

proh pudor! effeta.&c.

De la doctrine des enfans.

La satyre ensuyuante est aucunemêt prosecutiue de la matiere precedente pourtant quil a parlé du viel fol qui monstre a sô filz ses signes de suyure sa follie. Et icy il parle de la mauuaise doctrine chastiement et erudicion des enfans en ieunesse. Et les côpare au viel fol qui laisse a son filz tant quil estoit ieune faire toutes ses plaisances. Et puis quant il est grât portât desia lespee en la main le veult chastier et luy fait courir sus a coup de couesteau la ou en ieunesse il leust bien corrigié par luy dôner seullemêt dune petite verge. Et pource dist lacteur Qui espargne la verge hait son enfant. Et qui laime instammêt le chastie. Ne veuilles point soustraire et oster discipline de ton enfant. Car si tu le frapes de la verge il ney mourra point. Mais quant de verge tu le fraperas tu deliures son ame denfer: donc met le p͛lude. Quiconque pardonne a ses enfans quant aux vices et ne amende point hastiuemêt le peschié puerille: celluy sentira a la parfin dômage et merueilleuses doulceurs e si nôtera aux sieges splêdides de la nouuelle nef des folz.

Qui parcit virge odit puerû.

Indulget qui⁹ suis &c.

Vne foys ie refere par moy gens deceuz en toutes pars. Maintenant ie me vâte tât de semences de maulx par moy ducteur ca et la respandues. Non memor de conuertir les mauuais cours de ma vie. Et certaine suis dôsent que ie ne puis tousiours aller par le chemin acoustumé. Mais pour tant que ie ne puis acomplir le antif e vetuste cours de ma follie ie proposeray ces choses folies q̃ iay faictes pour apprendre a mon filz e a mon ieune nepueu et leur faindray les voies larges aux vices e peschiez. Iey essaye le filz fol ioyeux e hastif de son fol pere les vestiges et enseignemens et il apprendra aller par le mauuais chemin de son pere. Et ainsi sesiouit le fol pere que son filz soit plus grant que luy en crime e quil surmonte le chemin de son peschié. Le nombre aussi de ses maulx. Et porte vne belle esperance de son filz quât il fait ses signes par lesq̃lz il a passez et foulez les mauuais

Hic alacer fatui patris vestigia têtet. &c.

estre vne grant erreur veu que tu ne fes ac
pas acquis de ton propre labeur. Et pour/
tant que tu treuues aucune chose qui de rie
ne te appartient la dois volutairemēt rē/
uoyer a son seigneur: et a celluy a qui el/
le est se tu le scais. Et se le seigneur a qui
sa chose perdue que tu as trouee nest con/
gneu: et tu ne scais les heritiers a qui les bi
ens par succession appartiennent tu dois
tourner et conuertir incontinent les choses
trouees aux vsaiges des poures & de ce
les secourir. Car qui tourne et met en ses p
pres vsaiges les choses estrāges: il conte
re et rauist ce qui nest pas sien. Et plonge/
ra celluy son ame dedās les eaues de ache
ront: iusq des hors pastuz infernaulx. soy
mesme se tourmente & exercuie par soif p/
petuelle: et luy semble que iamais ne aura
assez: sans considerer que le rauisseur dūg
tresor ou celluy qui retient les choses trou/
uees differe pou du pillart ou larron decep
tif. Car lūg et laultre prēt a fousle les cho
ses rauies. Toutessoye voicy dieu tout
puissant q cōgnoist dedans et dehors
tes faitz et ton engin et scait quelle intenti/
on tu as. Et pourtant se tu trouues au
cune chose que les sainctz droitz te dessen
dent tenir tēs et ne pollu point ton cueur
des choses mauuaises trouuees ou aul/
trement mammon prince des folz auari
cieux te maincra finablement en la grāt
nef des folz qui flote et naige par les pa
lus denfer.

¶ De ceulx qui corrigent les aul
tres & eulx mesmes peschent.

¶ Ensuit vne aultre satyre en laquelle
parle facteur de ce liure principalement
contre les folz maistres docteurs & predi
cateurs qui monstrent et preschent les
choses quilz ne font pas. Et les compa/
re a vng sot qui monstre lenseigne dune
croix ou aultre chose signifiante le droit
chemin: et luy mesme va par les pastuz
sicux buissonneux & mauuais. Dont dit
Quissis it se prouerbe de la satyre. Quelconque via/
planis. &c. teur qui pourra ou peust aller le chemin
plain que la main droicte ou aultre ensei

gne fichee et mise en la voye demonstre: et
toutessoye il chemine par vng obscur pa/
lus et orde voye celluy na ne sens ne rai/
son. Dont met lescripture prinse a ce ppos
En bien enseignant et en mal viuant tu en
seignes dieu comme il te doyue condāner.
Car a celluy qui a veu les choses vtiles et
fait les choses mauuaises default inconti
nent le rap de lumiere. Mais entre nous folz
de ce mōde dieu voyons a clers yeulx les
dommaiges daultruy et non les nostres.
Toutessoye le sens de lhōme est ordōne
a discerner: iugier & cōgnoistre ses pres
choses plus que celles de ses voisines.

Noz faseaux et tentes de na
uires puēnt la tourbe et cō
paignie des folz censeurs et
iuges qui de soing voyent
les crimes daultruy front &
en chastiēt le peschie quilz ne

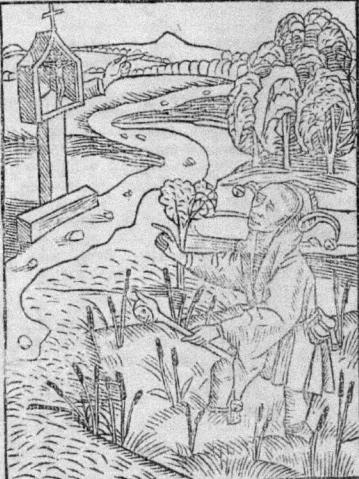

Qui curas Qui labeure porter et souftenir les charges
hoim cunt et cures de tous les hõmes il est fol et ne voit
ctoum. ec.   point ses ppres fruits et ses dõmaiges. Et
pourtãt soit celluy pacient et approuue por
ter douleurs sil est soule et sil chiet par la
grãt pesanteur du mõde que est trop pesant
a porter. Dõt lescripture dit a ce ppos prin
O curas   se. O cõbien sont grãdes les curiositez des
hoim qtus hõmes. Cõbiẽ ya il en toutes choses de va
est. ec.   nite. Tu fol hõme te charges et prens cure
des choses estranges et des tiẽnes nõ et auec
que ton fait prens la charge de aultruy.
Ne veulles plus sentir quil conuiẽt. Nenqui
ers poit et ne demãde point les choses plus
grãdes et plus fortes que toy. Mais pense seu
lemẽt celles choses que dieu ta cõmãdees et
ne soyes point curieux en plusieurs des oeu
ures de luy. Car il ne te est point necessaire
voir les choses qui sont secretes et abscon
sees: ne inuestiguer les voluntez de dieu nõ
pas des hommes seulement.

Di plus soustenir desire ql Qui pl fer
ne peult porter sur ses ppres re cupit. ec
costez de son bon gre et sans
contrainte se mettra en dã
gier. Car veritablement cel
luy qui seul de prime face veult porter une
grãde pesanteur la ou il est necessite de plu
sieurs a porter tel labeur: qui met sur son
dos les charges du ciel spacieux: et prent ce
qui ne peult porter: cestuy chiet hastiuemẽt
et se reprendra la follie de son cõmencement
Les hystores nous racontent que cõbiẽ Hystorie re
que le grant alexãdre eust sceu a porter les ciuit nobis
paines et charges des regions de europe et epẽpla. ec.
de asie: et finablement entreprint la charge
de tout le monde: comme si pour ung tant
petit corps que le sien toute ceste terre neust
pas este suffisante. Toutessoys a la fin il
fut content dung petit sarcophage et sepul
chre ou il fut mis ainsi que en une petite bou
teille. Considerons doncques que la mort More hor
horrible enseigne ce de quoy ung homme reda docet
se doit partir content et quelle fin ensuy quo qe. ec.
uent les corps. Horace dit que dyogenes
le cynique qui fut congneu le plus riche
es parties de grece celebrable precepteur
et aucteur de philosophie ne demanda
point les grandes maisons ne les haul
tes couuertures. Mais fut content dung
vaisseau vuide la ou il y auoit des pertuis
par ou il regardoit et speculoit les estoil
lees. Parquoy nous pouuons iuger que
cest ung grant repos a celluy qui oste de
sa forte poictrine les curiositez vaines et
ne impose point a son dos le faix et char
ge quil reffuse porter. Dont Juuenal dit
en substance. Celluy tente trop grãs cho
ses qui par veu concept les choses haul
tes et en prent le faix: labeure tolerer et
souffrir grandes peines que la cure mor
dace et sans raison impose a ses costez.
Que prouffite que nous ayõs le grãt mõ Quid iu
de entre mains. Pour nient nous souf uat ingẽte
frons angoisses et cures molestes: car il ec.
fault mourir. Et finablement par les va
nites du corps ennuyons sainte aux ptes
et regions desert. Parquoy celluy qui na
re et enquiert que fait le monde. En quel
le partie cesar maine la guerre iamais

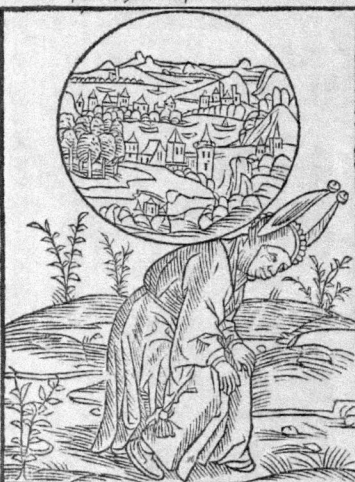

et souuent les souffremens du more mortel
et ou sōt les meteries de mille fraudes pai
tes et faintes choses. Car se vne foys vng
mauuais rapoureur voit les concordās vi
ure ensemble sans debat cōme bons cōpai
gnōs ou les congnoist so pauy amys incon
tinent de sa gorge rauque orde et venimeu
se il route et gecte le venī mortifere. Et estu
Mon fil ex die destier les compaignons vnanimes de
cusat. leur doulce alliance: affin quil puisse cō fon
dre ses pensees cōcordantes. Toutesfoys
quāt le rapoureur traistre et faulx seme au
cune zizanie entre ans incōtinēt il espuse
les souffriemēs enragies de sa lāgue puue
et mauldicte. Se cōfesse estre innocēt de tel
les choses et occultemēt cuelure les tresodi
eux mauldictz de son pechie. Ainsi aucuns q̄
Sic ādam rent applaudissemēs et desirent cōplaire a
applausus. ceulx de la poictrine desqtz riē ne de-
cc. pure. Cōme sont les fallacieux de la natu-
re de dauus: et de gnato: dont parle terence
Les parasytes et friās qui pour auoir le
gras morseau parlēt a lappetit des grā
flateurs o seurs balatreurs. Tout ce gē
re de gēs respēt ses semences garrules
Quisquis de sa langue mordace. Et pource tu quē
amicitie ne ques romps et destie le lien damitie p tes
pūm. cc. faulx rapors et p obscur stigmate et ensei
gne: mauldes les concordans et vēs les
noises: es idigne de la vie présente: digne
de chartre p̄petuelle: affin q̄ tresodieuy a
chacū soyes sans lumiere vinace appelle
et repute fol ainsi et droit est et raison.

¶ De non suyuir bon conseil.

¶ Sensuyt vne austre satyre contre les
oultrecuidez folz q̄ ne cōsient q̄ a leur
oppiniō et despisent le conseil des saiges
Et sont cōparez a cellup fol q̄ p̄petuelle-
mēt tire vne charue dōt vng oultrecuide
portant vng oyseau sus le poing tient le
Est via q̄ tymon ou manche en vne folle et sterille
videē homi terre. Pource dit lacteur. Il ya vne voye
ni iusta. cc. qui semble a lhomme iuste et bōne: mais
ses dernieres fins de elle deduisent a la
mort. Tu as dit le seigneur desprise tout
cōseil et mis les inceptations et blasmes
que on te dōnoit de ton pechie, a non cha

loir et as este negligent de les entēdre. Et
aussi en vostre mort ie riray et me resioui
ray quāt la soudaine et repentine calami;
te sera cheue sur vo9. Car la ou il npa poit
de conseil elle doit cheoir. Mais la ou sont
plusieurs conseilz de raison salut est toux
iours. Dont met se prolude. Cellup est fol
qui en toute cause ne scait rien dire ne en
tout tēps suyure les choses droictes et qui
sont de raison. Et oultre en toutes ses choses ne se conseille point aux saiges: mais
croit sa seulle oppiniō. Parquoy cestup fol
seul a les soyers de ses dommages et tire
perpetuellement vne charue en folle terre
sans proufit.

 Cellup est vng mauuais fol **Stultitie**
q̄ tousiours desire estre veu **illa est. cc.**
et apparoistre prudēt et trai
cte par cours acoustume lu
dibres et mocqueries. Car la

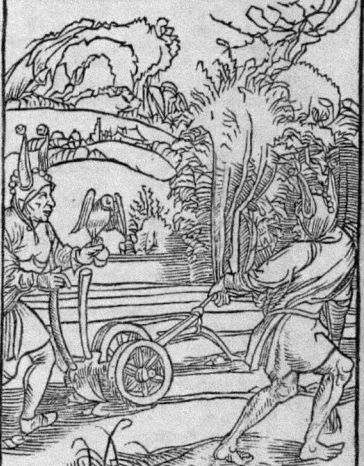

Fueillet. xxxi

Côme cestuy qui voluntairement se gecte
ou chiet en ung puys et essaye le dangier
Toutesfoys craint estre noye en une fon
taine Sil crie quant il est aux eaues et gec
te griefue voix disant helas donnez moy
secours Et nul ne sera qui luy veuille ap-
porter cordes ou ayrons pour soy retirer.
Cestuy perist p son merite/car si ne si fust
pas gecte. Empedocles aueugle p sembla
ble folie dessaye se dangier de son gre souf
frit la destruction de son corps et sa mort
car luy mesmes se gecta dedãs les flames
de la mõtaigne de ethna ç touiours bruste
affin que par sa mort il fist la demonstran
ce de sa folie Car quiconques seust retire de
celle mõtaigne ardante et donne vie a cestuy
qui nen voulroit point tant auoit haste de
essayer si les ames sont ppetuelles eust este
plus fol que luy Car tant estoit aueugle
ledit empedocles et abuse de scauoir si les
ames viuoyent apš la dissolution du corps
q quãt on leust tire du feu il eust essape
de rechief vne aultre foys ses folies et
mauuaises dispositions Ainsi fait cestuy
q nuictz et iours prie dieu quil se veuille
touiours tirer au ciel comme sil se deust
faire Demãde aussi quil luy donne bõne
fortune dõs viuaces et grãs biens en ce
mõde/mais cest folleinêt prie Car q prie
et ne scait par raison prier droictement se
souuerain recteur/cestuy souffre legieres
biens en sa bouche. Et pourtant si cestuy
que lestat non seur et dõmaigeuse volup-
te tient chiet p son merite seuffre pacie/
ment ç porte ses dangiers en quoy il sest
mis Car fol est q en dangier se met sans
contraincte et necessite.

¶ De la voye de felicite et peine ad
uenir des delictz ç pechiez ppetrez.

¶ Icy mect lacteur vne aultre satyre cõ
tre les folz qui ne veulent suyure la voye
de felicite et les compare a cestuy fol qui
touiours tire vng chariot dõt ne peut
a bout venir car a la fin il trouue la voye
plus rude q au cõmencement Ainsi sont
ceulx qui tirent le char de folie en ce mon
de il leur semble plaisant mais apres la

mort rudez mout angoisseuse Dont met le
plus Plusieurs viuãs en leurs vices ç pe Multi stul
chiez tirent se cutre chariotz ç charrettes ticie curruz
de folie Et apres quant itz reputent telz la &c.
heure se departir par mort apres leurs de-
stinees ilz retireront les roes quadriiugues
Cestassauoir q les folz menans le chariot
de folie en ce mõde a grans dangiers aps
leur mort se retireront en peine sans ãlque
repos Et pource dit lescripture La sapiece Sapientia
de lhõme saige est entendre sa voye/ car la callidi. &c.
pudence des folz est errante ç toute au cõ-
traire. Il y a vne voye qui semble a lhõme
iuste/mais les fins et dernieres choses delle
se deduisent a la mort. Lhõme insipient ne
congnoistra point ces choses ç se fol ne les
entendra point/car ceulx qui cheminent en
tenebres nont point sceu ne entendu que
cest de la voye de felicite.

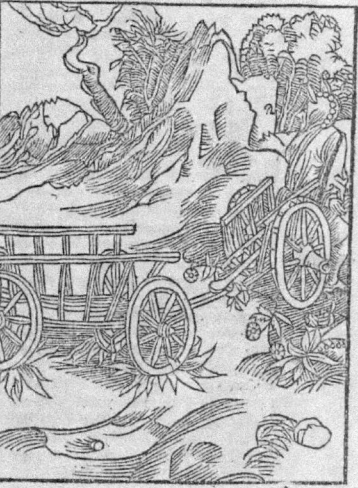

f

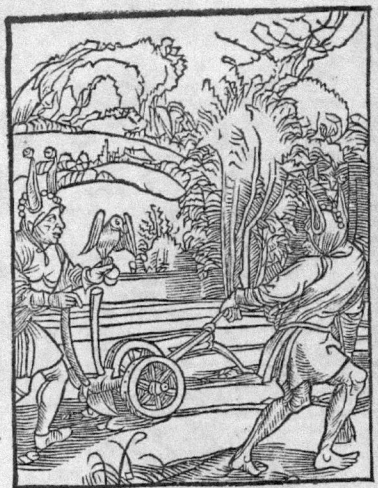

rent auoir Et pourtant que la terre degi/
pte en saisie ilz ont patre & fait plusieurs
choses tenebreuses ilz retournent en arrie
re & demandent leurs pmiers faitz Et dit
monseigner sainct Mathieu en son .v.ā. q
se peuple qui premierement p insigne et
noble bonte honora dieu tonnant sur to9
recheut en son pechiez mauuaitie Pour/
tāt est lestat de telz folz dōmaigeux q nō
pas bien seur qui postposent ou laissent
leurs bienffaitz & honorent leurs maulx
Car ilz sont aisi q̄ vng malade q lāguist
se corps tremblant Et gist sans vertu co
raige Mais ne pourra point esperer le sa
lut de son corps sil ne vit a la doctrine &
diete a luy īposees q̄l delaisse la playe ad/
uerse q infectionne le poure corps & aucu
nessoys fait pire. Ce nest rien de ce q̄ tu
bates q̄ tu murmures & cries auoir fait
aucun bien, & auoir honore dieu. Ce nest
pas assez auoir fait & patre Vne foyz au
cuns biens:mais les cōtinuer iusqs a la
fin de vie apdez a dieu plaist. Pource ie
vo9 prie apꝛenez faictes bien & continuez
voz bienffaitz/ Car ainsi toutes choses
tresbonnes bien q̄mēcees plaisent a dieu.

Est statue
illo ꝙ da͞no
sue &c.

Nil est qꝺ
iactas ni/
chil est &c.

⁋ Du contempnement ou mespri
sement de la mort.

Virtutem
posuit sapi
ens &c.

soubdaine tu prennes maintenāt mes ensei
gnemens & tu trouueras que par merite la
nef stultisere appelle les folz dont est faicte
ceste satyre et que par seur droit en tirēt les
auirons & les voyles ceulx qui au premier
temps commencent assez bien viure:mon/
strent vouloir mener vie assez bonne: sont
enclins a lestude de sagesse Et ensupuent
les bons enseignemens qui regardent le
chemin de felicite Toutessoyes ilz ne mon
tent pas aux coupeaux au hault de la mō
taigne ou q̄l est regarde le souuerain bien
Car le saige qui aux nitides couraiges et
cleres pensees monstre la voye aux estoil/
les & le chemin des cieulx mist au hault de
la montaigne sa vertu Mais plusieurs a q̄
ces choses mondaines & inferiores plaisent
montent a icelle montaigne la face aduer
se & les yeulx tournez en arriere plus pen
sans a ce quilz laissent que a ce quilz desi/

⁋ Austre satyre p qui lacteur appelle pour
venir a la nef les folz qui nont point souue
nāce ͞da mort & despuitent a p peser ceulx
aussi qui pour vne gloire mondaine font
faire grās sepulcres tombes sarcophages
ou epytaphes pour vouloir perpetuyfer
leurs noms Et ne pensent aucunement de
parer et decoꝛer par bonnes vertus leurs
poures ames qui par aduenture en faulte
de ce faire choirōt en enfer Et sont si aueu
glez quilz ne regardent point la mort qui
les suyt quelque part quilz entrent portant
la biere sur son col Dont met se prostre.

Non generi
aut opibus

O mort tu ne pardonnes point au genre &
a la noblesse des hommes: a la vertu: aux
bonnes meurs. mais comme fiere et despi/
te & epecuteresse de diuine sentence rauis tou
tes choses crees. Parquoy veritablement
ie confesse iceulx folz plus forsener qui ne

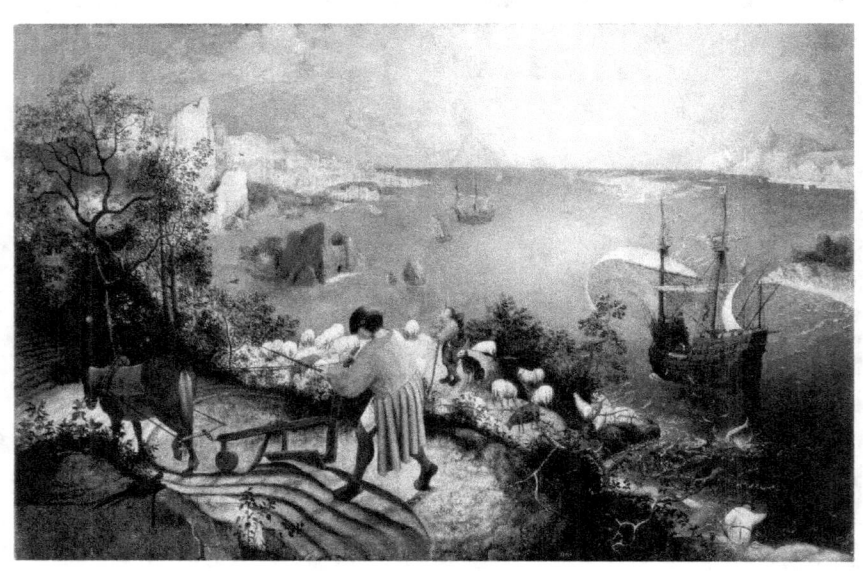

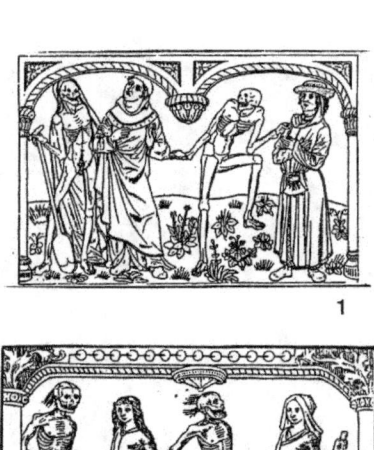
1

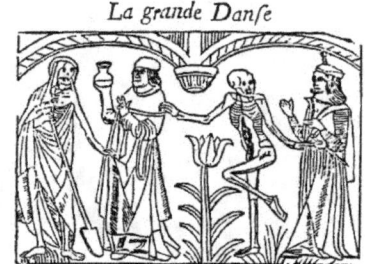

La grande Danse

2

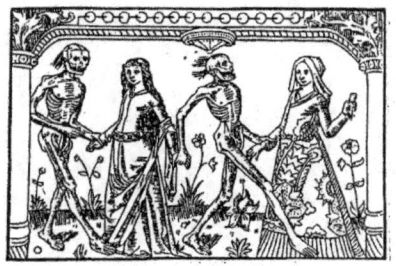
3

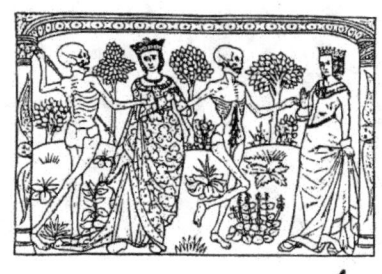
4

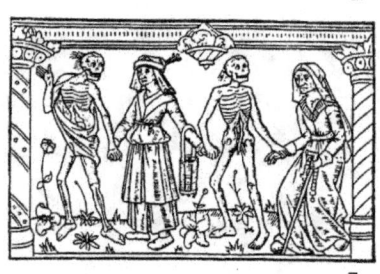
5

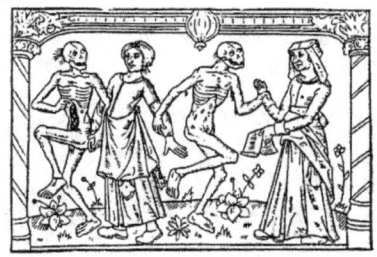
6

www.ingramcontent.com/pod-product-compliance
Lightning Source LLC
Chambersburg PA
CBHW071217240526
45470CB00018B/2063